Comida Típica da Fazenda

Reinaldo Marques Varela e Nani Scaburi Varela

Prefácio

Hoje em dia, ser chef de cozinha é sonho de muitos, e a profissão ganhou glamour e admiração semelhante à dedicada a artistas e pop stars. Ainda bem, pois não há como negar a arte e magia dos mestres dos sabores. O que poucos comentam e provavelmente nem sabem, é que atrás desta áurea de glamour estão, como dizia meu avô, 99% de transpiração e 1% de inspiração!

Começo dizendo isso e tirando o chapéu a todos os que fizeram parte deste livro: em primeiro lugar, aos que criaram com tanta "transpiração" o restaurante Divino Fogão e também aos que, todos os dias, continuam construindo esta identidade. Refiro-me a todos os franqueados, coautores desta ideia, deste sonho e desta diária construção, pois afirmo que por mais glamour que seja ter um restaurante, é certamente um "sacerdócio", uma entrega de corpo e alma a esta tarefa de dar um show por dia, em sequência, sempre e sem parar!

Pense, leitor, que para você ter aquela comida gostosa em seu almoço no restaurante, toda uma cadeia de pessoas se orquestrou, cada uma com seu instrumento e em tempo preciso para o show que lhe é apresentado. Alguém levantou cedo, escolheu os ingredientes; alguém limpou tudo, preparou, buscou a melhor apresentação. Eis seu almoço (ou jantar) com sabor brasileiro, com isso que é trabalho de equipe, sem o qual este país não seria o que é hoje.

Por isso, este texto é mais que uma homenagem a todos os profissionais que trabalham no Divino Fogão, é mais que uma necessária salva de palmas ao casal Reinaldo e Nani Varela: é uma maneira de celebrar o sucesso de um sonho que se tornou realidade, cotidianamente, em cada mesa de tantos restaurantes deste nosso Brasil. Com tantos profissionais que, lá escondidos na cozinha (ou nos escritórios), fazem da gastronomia uma arte, sim, de autores quase anônimos, mas que vez ou outra conseguem mostrar em livro uma amostragem desse saber e que compartilham suas receitas e suas histórias. E não é assim que se faz uma identidade nacional?

Existirá algo que caracterize mais uma Nação que seu jeito de se alimentar? Outro dia, li uma frase interessante que dizia: "Não é que somos o que comemos; ao contrário, comemos o que somos!". Nós somos um povo que gosta de uma comida farta, variada, alegre, espelho de nossa formação "pluralista", que lá no Divino Fogão faz juntar o picadinho com o macarrão, o frango e o quiabo com o bacalhau com batatas. O prato que nasceu caipira com o prato que nasceu europeu e que agora, casado, é paulista de origem, mas já tem filhos no Brasil inteiro. Para quem não sabe, o Divino Fogão nasceu em São Paulo e hoje – 25 anos depois – já tem números franquias, levando esses sabores ao Brasil todo. Neste livro, veremos apenas uma pequena parte, uma seleção das receitas que compõem o repertório desses artistas populares, que fazem comida como quem toca música, para o povo ouvir.

Eu sou testemunha de quanto trabalho deu este livro. Acompanhei um ano inteiro de testes, fotos e mais fotos. Difíceis escolhas do que entra, do que não entra. Uma construção que você, leitor, nunca verá, nunca terá ideia da dificuldade de fazê-lo, como não tem ideia de como é difícil montar e manter um restaurante. Mas vá lá! Você, leitor, não precisa mesmo saber: o que importa é que na hora do show, seja almoço ou jantar, a gente lhe apresente o melhor do sabor que brasileiro gosta.

E agora, com este livro, o que importa é que você possa conhecer um pouquinho mais desse Fogão. O que quero dizer é que raramente, como editor, tenho a honra de poder prefaciar um livro, ainda mais com a alegria de fazê-lo com autenticidade, coisa que só quem experimentou a comida pode fazê-lo. E digo que é bom mesmo! É realmente Divino esse tal Fogão! Que as receitas do livro também sejam para você, leitor, uma grande experiência de sabores. Bem simples, bem variado, bem brasileiro!

André Boccato

Detalhe decorativo da loja
Divino Fogão do Shopping Higienópolis

Índice

Comida típica brasileira: um pouco de história...	06	Macarrão ao Molho de Tomates e Azeitonas	52
A primeira comida de fazenda... ninguém esquece	12	Macarrão com Frango	54
1991 – Ano de grandes mudanças	14	Paçoca de Carne-Seca	56
Naquele tempo, naquelas fazendas...	16	Panceta Crocante	58
Na hora e no ponto certo	18	Peixe ao Molho de Camarões	60
O que tem de bom hoje naquele fogão?	20	Picadinho Bovino	62
Arroz de Carreteiro	24	Picanha com Alecrim	64
Bacalhau com Batatas	26	Pirão de Peixe	66
Bife Acebolado com Ovo	28	Rabada com Polenta	68
Camarão na Moranga	30	Rolê de Frango	72
Costelinha Assada	34	Salada de Acelga com Gergelim	74
Cuscuz	36	Sopa de Feijão	76
Escondidinho de Carne-Seca	38	Doce de Abóbora	80
Feijoada	40	Manjar Branco	84
Frango à Ouro Preto	42	Merengue de Morango	86
Frango com Polenta	44	Pavê de Limão	88
Galinhada	46	Pudim de Leite	90
Lombo Assado ao Molho de Laranja	48	Quindim	94

Comida típica brasileira: um pouco de história...

O quase desprezo pelas alegrias cuidadosas e prolongadas do paladar e a distância quase compulsória pela serenidade meio preguiçosa – mas absolutamente natural – que a digestão costumava impor, são algumas das perdas ou efeitos colaterais dos nossos mais atualizados e dinâmicos métodos alimentares. Nas grandes cidades do século XXI, o ato de comer, alimentar-se – com raras, honrosas e bem planejadas exceções – é fato que está como tudo o mais, sob o domínio inegociável do tempo, ou melhor, da estreiteza e da carência dele. Comer é agora ato da urgência! Não diferente de outras necessidades e prioridades, não há mais tempo a perder com pormenores e deleites de 'segunda ordem'... Ficar horas à mesa, para um desfile de pratos e apelos gustativos que, além de alimentar, socializam, entretêm e encantam, são cenas remotas, mas que ainda pertencem ao imaginário, a um lendário passado coletivo.

Esse é o imaginário do Brasil distante, do Brasil das fazendas, da vida rural, lenta, sistemática, mansa, bucólica; e também o das pequenas cidades, do lume aconchegante de lampiões a querosene e mesmo das luzes opacas e difusas das primeiras lâmpadas elétricas. Nesses tempos, cabe atentar que toda a cena doméstica das refeições sempre aconteceu ao redor do fogão a lenha – o grande protagonista da alquimia culinária por centenas de anos – e que a cozinha teria sido o coração da casa, pois "sala de jantar", ou salões destinados a refeições é história de príncipes e fidalgos, apenas vindo a se configurar na vida das elites a partir dos finais do século XVIII e começo do século XIX.

Mas, em primeiro lugar, é preciso lembrar que não existe uma "comida típica brasileira": ela se revela um patrimônio multifacetado e resulta dos caminhos da colonização e povoamento, portanto foi fomentada segundo o rumo da ocupação de territórios. As cozinhas dos colonizadores tiveram que se adaptar aos poucos recursos e aos ingredientes naturais das novas terras. A cozinha será uma mescla da tradição portuguesa, ou aquilo que nela poderia ser praticado no além-mar, combinada aos métodos indígenas e a seus alimentos locais, ainda acrescida das influências de escravos africanos – especialmente no Nordeste. Portanto, nos alimentos também ocorreu uma mestiçagem.

Fazenda Cana Verde

Afinal, como se alimentava nosso povo naqueles tempos? Documentos ou livros de culinária são praticamente inexistentes até o Brasil Império, quando dois importantes livros são resgatados: "O Cozinheiro Imperial" e "O Cozinheiro Nacional", publicados no Rio de Janeiro do século XIX, por autor desconhecido. O primeiro denota uma preocupação em informar às classes mais abastadas e letradas, como preparar e servir uma mesa mais pomposa e suprir a reinante "falta de trato na arte culinária". O outro livro parece ser dirigido às classes mais populares e se preocupa em formar "uma verdadeira cozinha brazileira, emancipada da tutella europea". O historiador Rocha Pombo atenta que, no meio rural ou nas cidades, carne de boi era uma iguaria de ocasiões especiais, enquanto que carne de porco era o comum; os pomares e hortas caseiras também abasteciam as cozinhas de temperos, frutas e raras verduras. Comia-se com muito tempero, pródigos que eram no uso das pimentas, do alho, da cebola, do gengibre, azeite e gorduras de animal.

Herança portuguesa, os hábitos alimentares do brasileiro começavam com o desjejum – que viria a ser chamado de "café da manhã", somente bem após a introdução da cultura do café, em 1750, e mais muitas décadas, até sua difusão pelo território nacional. Na refeição da aurora, a mandioca com suas farinhas – a tapioca, o beiju – substituem o pão por muitos territórios e séculos, pois o trigo (chamado de farinha do reino) era importado, portanto muito caro.

Como segunda refeição, mais substanciosa, vinha o almoço, que incluía alguma carne (caça, gado, porco, galinhas ou peixe – dependendo da região), fécula de farinhas com seus mingaus e as 'farinhadas' (mandioca, tapioca, beijus) e, algum tempo depois, especialmente no Sudeste, o arroz e mais os feijões. Havia ainda os melaços, rapaduras, ou seja, os derivados da cultura da cana-de-açúcar. As verduras, por estranho que possa parecer ao homem moderno, permaneceram por muitos séculos restritas ao "cheiro" – e é daí que vem a expressão nordestina, pois as verduras reduziam-se ao coentro, cebolinha, cheiro-verde, folhas de louro, etc. e entravam na cozinha apenas para aromatizar os pratos.

No Sudeste, tudo começou pela Vila de Piratininga com seus desbravadores seguindo mata a dentro. Assim, seus hábitos de sustento passaram a influenciar também a cozinha de Minas Gerais. O repasto sertanista tinha que se constituir de alimentos secos, não perecíveis. O chamado "farnel dos bandeirantes", transportado em guardanapos de pano, era composto de farinha, feijão e ovos duros. O famoso cuscuz-paulista, que será acrescido da farinha de milho, tem nesse farnel rústico a sua origem. A carne-seca ou carne-de-sol era outro grande recurso de conservação de alimento – e tanto para o nordestino do interior, quanto para o sertanejo do Sudeste, esse alimento figurava como item invariável em suas mochilas, ao lado da farinha de mandioca. Nesses tempos – e até praticamente o século XX –, seja no meio rural ou mesmo nas cidades, a gordura utilizada para cozinhar era a boa banha suína...

Além das famílias se servirem da profusão de frutas brasileiras (frutas ao natural só faziam parte das dietas raramente, e apenas nas zonas úmidas), havia também os doces, que foram aprendidos com os conventos portugueses que utilizavam uma fartura de ovos e mais ainda de açúcar refinado da cana (a base da economia colonial brasileira).

Com a chegada dos imigrantes, a partir do final do século XIX, principalmente no Sul e Sudeste, a contribuição de uma nova gastronomia viria a se incorporar no dia a dia da cozinha nacional. Não só a macarronada (e suas variações) passa a reinar na mesa cotidiana, enriquecendo o cardápio das cozinhas do interior e das fazendas, como também o modo de preparo, tipos de temperos, alcançam e se incorporam ao status de 'cozinha brasileira'. Principalmente a culinária dos imigrantes italianos viria a imprimir uma marca definitiva ao nosso perfil alimentar, contribuindo com uma infinidade de receitas, hoje indispensáveis a nossa mesa.

Nos lares, em cidades ou nas casas de fazendas, o jantar, naqueles tempos, acontecia lá pelas três, quatro horas da tarde e repetia mais ou menos a lida do almoço, com a introdução de uma sopa, acompanhada de mais dois pratos e uma sobremesa constituída de doce. Ainda ficava apetite para a ceia, servida ao anoitecer (entre seis e sete horas) e já à luz das lamparinas ou velas: sopa ou aproveitamento das sobras, desfiados acrescidos de ovos. Nas cidades, relata o historiador e folclorista Luís da Câmara Cascudo, em seu compêndio "História da Alimentação no Brasil", as famílias levavam suas cadeiras para as calçadas, para apreciar o movimento e trocar um dedo de prosa com os vizinhos, ou iam à praça da Matriz. E lá pelas dez horas, já iam todos para suas camas; ainda em tempo para bebericar um chá de erva-cidreira, laranja, erva-doce, quem sabe um docinho, um biscoito...

Como se vê, naqueles bons tempos, o maior prazer das gentes era estar nos domínios da cozinha, valer-se de todas aquelas refeições, nas sagradas quatro vezes ao dia! Quem cuidava para que tamanho batalhão de apetites fosse saciado era a ala das mulheres, que, dedicadas e arduamente, sempre se ocuparam da organização e funcionamento da estrutura familiar.

Mas de nada há que se lamentar, nos dias de hoje, uma vez que os confortos da vida moderna resolveram qualquer problema do gênero. Quase todos nós dispomos de sala de jantar, além das mulheres terem sido liberadas da fatigante lida do preparo das "quatro refeições" por dia, é bom lembrar. Portanto, não haveria motivo nenhum para as nostalgias do apetite. Será?...

Mas que ficou um gostinho de saudade, uma vontade daquela mesa da fazenda, da casa do interior, do fogão a lenha, ah! Isso ficou e não sai mais do nosso inconsciente. Ou a história que vem a seguir não faria o menor sentido, nem o sucesso que faz. Acompanhem...

Divino Fogão Loja Higienópolis

A primeira comida de fazenda... Ninguém esquece.

Familiares reunidos na fazenda em 1960

Dizem que todos nós, mesmo em plena vida adulta e pela nossa velhice afora, sempre carregamos lá no fundo, no âmago, a nossa eterna "criança-interior"; e que essa criança necessita ser ouvida, amada, aceita, acariciada e até mesmo libertada vez ou outra... Pois bem, em relação à comida, ao nosso gosto, no sentido mesmo do paladar, as nossas reminiscências mais queridas também se configuram numa espécie de criança-interior, ou, se preferirem, naquele substrato da memória coletiva, ou no inconsciente-coletivo. Em relação ao brasileiro, essa "cozinha-interior" – digamos assim – vem a ser a chamada cozinha da fazenda.

Mesmo que você tenha nascido, crescido e sido educado no mais rigoroso cenário urbano-contemporâneo, fechado no apartamento, jogando vídeo game e mastigando hot-dogs, fritas, hambúrgueres, ainda assim, do que seu paladar ancestral sentirá saudades? Sim, do tutu de feijão, da mandioca frita, do frango ensopado na panela, do angu, da linguiça frita, da feijoada, do bolo de fubá, da compota de frutas, do manjar branco e de outras tradições brasileiras de dar água na boca... Deve ser a nossa "criança-caipira-interior" reivindicando seu lugar no mundo e à mesa.

Quem sabe, em boa e grande parte desse argumento se encontre a justificativa para a cena a seguir: enormes filas, no horário do almoço, esperando sua vez. Vez de abastecer seu prato, ao chegar à beira de um fogão enorme, como aqueles de lenha de outrora, amparando uma fileira de panelas de cobre e de barro, todas fumegando e plenas de uma saborosa e variada comida boa de fazenda. É só se decidir entre a grande variedade de pratos tradicionais, ali no bufê bem guarnecido, e se deliciar com aquela espécie de 'aquarela-culinária' do Brasil. A fartura é de dar água na boca, num sistema de bufê que resgata as antigas mesas das fazendas – e mesa em dia de festa! Porém, ainda com a vantagem de ser uma culinária cuidadosamente preparada sob os mais rigorosos padrões atuais de saúde, ou seja, pratos mais leves e sem abuso nas gorduras.

A cena descrita teve início num envidraçado e reluzente shopping center, absolutamente moderno, que experimentava o novo método de reunir num mesmo local, batizado de "praça de alimentação", uma série de estabelecimentos especializados em servir comida – e comida rápida! E não é que a novidade funcionava! Pois permitia sair rapidamente, de volta para o trabalho, para os compromissos, as compras ou o trânsito; enfim, todas as maravilhas daquela vida agitada da metrópole paulistana. E sem perder nenhum minuto para fazer e esperar o pedido, depois a conta, o café, garçon, enfim, a rotina dos restaurantes convencionais.

Lula, Reinaldo Varela e a irmã Malu Varela em 1970

1991 – Ano de grandes mudanças

Corria o ano de 1991. E nada mais seria como antes. À exceção daquela comida deliciosa, igualzinha à de uma antiga fazenda do interior, e que um certo restaurante chamado "São Paulo-1", servia. E tudo dentro de uma atmosfera, de um cenário que, apesar das dimensões modestas, se parecia com o da cozinha de um casarão de fazenda. O novo local foi uma das primeiras praças de alimentação dentro de um shopping center – no caso, o shopping Eldorado. Porém, com uma respeitável diferença: seria o primeiro fast-food à brasileira com a brilhante inspiração de oferecer uma opção diferente de tudo o que se comia em shoppings (o fast-food importado).

O "São Paulo-1" simplesmente havia tido a coragem de trazer para aquele mundo fulgurante dos centros de consumo aquela comidinha caipira, repasto generoso e bem temperado, refeição caseira e interiorana de antigamente, e que ninguém havia esquecido!

Naqueles primeiros anos, dentro do primeiro shopping (hoje a rede está presente em dezenas deles), a novidade foi tomando tal vulto, que, por meses a fio, as filas que se formavam, especialmente no horário de almoço, começaram a incomodar os vizinhos, que reclamavam da pouca visibilidade na frente das suas lojas, com aquela gentarada toda dando voltas no andar. E detalhe: ficava num ponto afastado, quase invisível, entre todas as outras bandeiras ali estabelecidas – bandeiras de fast-food internacionais, muito experientes naquele novo estilo de negócio.

Dezenove anos depois da 'conquista' do shopping, com o objetivo de expandir o número de lojas e nacionalizar a marca, o São Paulo-1 passou a se chamar Divino Fogão. A bandeira criada pelo casal Reinaldo Marques Varela e Nani Scaburi Varela atualmente se espalha por vários Estados do país, incluindo o Distrito Federal, numa rede que soma um

Reinaldo e Nani Varela

fabuloso número de lojas "Divino Fogão" – todos nas praças de shoppings, já que a tendência pelo fast-food, pela concentração do lazer e alimentação nesses templos do comércio moderno fica definitivamente consumada nos hábitos do brasileiro. E a satisfação pela mesa farta da cozinha familiar e 'caipira', igualmente.

Está aí uma das razões do sucesso do empreendimento. E que não deixa dúvida em mais ninguém: nada como a comida de casa – e casa de antigamente, bem à brasileira! Além do mais, o consumidor moderno está se conscientizando quanto à importância de uma dieta saudável e equilibrada, à maneira dos nossos avós e bisavós, ou seja, que saborear uma refeição variada e completa, de ingredientes naturais, é muito mais sensato e saudável do que fazer um lanche apressado e 'artificial'.

O Divino Fogão estava apto à mudança e soube interpretar com perfeição a nova mentalidade.

Divino Fogão no Brasil em 2010

Naquele tempo, naquelas fazendas...

A história completa da Rede São Paulo-I, agora Divino Fogão, já registrou 25 anos (em 2009) de existência e começa com o jovem Reinaldo Marques Varela. Nascido em São Paulo (SP), então recém-formado em administração de empresas, vivia na capital em busca de algum tipo de negócio, com uma proposta 'diferente'.

Em 1984, Reinaldo e seus dois primos, Álvaro e Luiz Antonio Marques de Oliveira (o Lula), também crescidos em fazendas do interior paulista, se unem para montar um restaurante. Reuniram economias, tiveram o apoio dos pais e da avó Iza para dar início ao empreendimento. Reinaldo, em especial, contou com a ajuda dos tios Antero e Zélia que financiaram e avalizaram a dívida, sempre acreditando no potencial dele. Escolheram uma casa situada numa ruazinha estratégica (rua São Columbano, n. 88) do bairro de Pinheiros. O imóvel foi todo reformado e decorado com ares de autêntica casa de fazenda e batizado de "São Paulo-I". E, para caracterizar ainda mais o ambiente, as modinhas mais genuínas da música sertaneja eram apresentadas ao vivo por duplas de violeiros-cantadores. E assim, em 1984, nascia o primeiro restaurante, semente de uma ideia que viria a render tantos frutos pelo Brasil todo.

O conceito original do restaurante é transmitido também pela decoração, feita pelo primo, o arquiteto Renato Marques de Oliveira. O restaurante mantém-se fiel e faz sucesso até hoje: apresenta aquela comidinha bem feita, farta e variada, preparada em fogão de lenha, com ingredientes frescos,

Primeiro restaurante São Paulo-I, em Pinheiros

produzidos ali nas fazendas, tudo tal e qual eles haviam desfrutado na infância. Naqueles tempos, eram a avó e as tias de Reinaldo que providenciavam todos aqueles inesquecíveis almoços em família, muita comida gostosa na mesa, ou exalando aromas caprichados, em tantas pratos variados.

Era comum entre as famílias que moravam no campo colecionar as receitas de cozinha, primorosamente anotadas em um caderninho, que era passado entre as gerações femininas. Nas cozinhas das fazendas Cachoeira, Acácia de São Jorge e Rancho Alegre, as duas primeiras localizadas no município de Mirandópolis, o fogão de lenha quase nunca se apagava, reunindo a grande família e muitos amigos. Reinaldo não esquecia aqueles pratos todos, as iguarias com que as tias e a avó Iza mimaram a sua infância. Ao montarem o novo negócio na metrópole, os Marques e os Varela resgataram essas principais receitas junto à família e partiram para colocar o melhor da cozinha de casa no cardápio do novo restaurante. Chegaram ao requinte de enviar os cozinheiros para um estágio nas fazendas de Mirandópolis, com as tias e a avó – que, aliás, ensinou uma receita de frango com polenta, batizado de "Frango da Vó Iza", que se tornou o best-seller do São Paulo-I e até hoje se mantém como um dos pratos mais pedidos em todos os pontos da Rede Divino Fogão.

Passados poucos anos, como seus dois primos e sócios se casaram e decidiram trilhar outros rumos pessoais e profissionais, Reinaldo, casado com Nani, assumiu então o controle e a administração do restaurante São Paulo-I.

Reinaldo Varela e os primos Lula e Álvaro Marques de Oliveira

Na hora e no ponto certo

Com as mudanças político-econômicas que chegaram no início dos anos 90, com o crescimento dos shoppings e os novos hábitos de consumo, veio também o feeling para mudar a direção dos negócios: enfrentar o desafio de servir com a mesma qualidade, porém num sistema fast-food, self-service, e numa escala impensável até então para um pequeno restaurante familiar. Ou seja, mudar para dentro do shopping Eldorado. Mas os investimentos e o risco implícitos não eram poucos! Porém Reinaldo, agora com o apoio da esposa (a Nani) na nova fase dos negócios, estava decidido.

Reinaldo, um esportista nato e entrosado com os desafios do rally (especialidade em que coleciona troféus como campeão de várias provas nacionais e internacionais), já casado com Nani Scaburi, jovem de Santa Catarina (na época, uma empresária muito atinada no ramo da moda), não titubeou muito, na hora do grande "pulo do gato". O casal reuniu todas as forças, vendendo tudo, e ainda pediu reforços junto aos familiares de Nani, que no futuro iriam se associar ao projeto. E assim apostaram todas as fichas naquela investida. Em pouquíssimo tempo, outros cinco grandes shoppings paulistanos iriam contar com novos exemplares desse fast-food caipira. Em 1995, com o impressionante potencial de expansão da rede, Reinaldo Varela preparava o empreendimento para o regime de franquias.

Com mais de 25 anos, o Divino Fogão, hoje com um patrimônio que soma investimentos próprios e dezenas de sócios através do sistema de franquias, tem bons motivos para festejar. É o que não faltam ao casal Nani e Reinaldo Varela. São dezenas de novos empresários e parceiros formados na rede de franquias "Divino Fogão" que ajudam a propagar pelo país inteiro a autêntica cozinha brasileira caseira – mas com todos aqueles temperos, incrementos e detalhes do moderno estilo de vida das grandes cidades.

A montagem e decoração dos restaurantes, agora ancorados nas praças de alimentação dos shoppings, permanecem ao encargo do mesmo arquiteto e decorador, Renato Marques de Oliveira, do restaurante inaugural. Renato, então, soube conciliar o conceito de uma cozinha de fazenda com as limitações de espaço e a funcionalidade exigidas. A solução foi montar um imponente balcão, revestido ao estilo colonial brasileiro, seguido de um fogão à moda antiga. A decoração se serve de recursos como janelas em estilo colonial, azulejos portugueses, toalhas nas mesas e outros detalhes que criam uma atmosfera deliciosamente campestre. Um arremate luxuoso é dado por uma enorme coifa, toda revestida em cobre ou latão polido, que é posicionada por sobre o fogão. Caldeirões de barro ou panelas e tachos de cobre dão o toque final ao estilo dos ambientes da Rede Divino Fogão.

Antiga loja Divino Fogão no Shopping Eldorado

O que tem de bom hoje naquele fogão?

É bem verdade que nossas predileções e hábitos alimentares também sofrem mudanças. A atual adesão ao salmão é um bom exemplo. O peixe, com toda certeza, não figurava nas antigas dietas caseiras do brasileiro. O fast-food, mesmo que de comida típica da fazenda, passa por rápida assimilação dessas 'aculturações', ou até funciona como demonstrativo do que vai ser ou não um sucesso de consumo. Há também a salientar o aspecto regional em cada endereço – especialmente em se falando de um país de extensão e caldo cultural como o nosso. Portanto, um Divino Fogão estabelecido no Nordeste, pode muito bem apresentar um prato típico exclusivo. O manjar branco, por exemplo, poderá ser acompanhado de calda de ameixa ou calda de vinho tinto, dependendo da região onde for servido. Mas é claro que o feijão (em suas infindáveis aplicações), o arroz soltinho, a couve, as batatas coradas, as variações de frangos, guisados e ensopados de carnes, sem falar na feijoada, no torresminho, na farofa e na caipirinha de limão, aí, sim, é comida típica brasileira.

O cardápio apresentado nos bufês de um Divino Fogão é bastante versátil, renovado periodicamente. Ainda costuma ser incrementado

Sinhá Dona Vera

com novidades que caem no gosto da clientela, ou pelos pratos sazonais. Toda comida é preparada diariamente em cada uma das unidades, em cozinha própria, para garantir a comidinha feita na hora e a qualidade dos pratos. Compõe-se de uma grande variedade de saladas frescas, e os legumes, cozidos a vapor; igual número de pratos quentes e acompanhamentos; e mais os quitutes, como bolinhos, pasteizinhos, seguidos da ala das sobremesas, com pelo menos uma dezena de tipos de doces regionais – tais como compotas de frutas, a inesquecível goiabada cascão com queijo branco, doces de leite, pudins, manjares, quindins e tortas variadas. É redundante lembrar que todas as cozinhas da rede seguem um padrão de qualidade rigoroso, que os funcionários passam por treinamento especializado e que a filosofia da empresa faz questão de difundir o novo conceito – razão da longevidade de seu sucesso – de que consegue aliar uma dieta saudável aos sabores mais tradicionais da típica cozinha da fazenda.

Em todas as unidades do Divino Fogão pode-se contar com as boas vindas e o acompanhamento muito especial de uma autêntica "sinhá": uma senhora muito simpática, sempre sorridente, solícita e que faz toda a diferença no atendimento. A presença dessas "sinhás" remete ao carinho e ao bom humor das antigas amas do Brasil-colônia. Essa simpática figura da "sinhá" é visível, por exemplo, na obra de Monteiro Lobato (Cia. Editora Nacional) na personagem de Tia Anastácia, a cozinheira da Sítio do Picapau Amarelo.

Família Varela

A expansão da rede demonstra seguir em escalada, pois se encontram em fase de aprovação vários pedidos de abertura de novos endereços para os próximos anos. E mais: duas vezes ao ano, Nani e Reinaldo costumam convidar os franqueados, vindos de todas as partes do Brasil, para que, através de um congresso, batizado informalmente de "Prosa", tenham a oportunidade de uma análise geral dos negócios e, principalmente, visando a um bom entrosamento entre eles. As comemorações para o aniversário de 25 anos tiveram início com uma grande festa na loja do shopping Anália Franco e, por fim, um convite para uma "prosa" um pouco mais sugestiva: todos zarpando, por cinco dias, a bordo de um supernavio de cruzeiro pelas águas da baía da Guanabara, enquanto conferem as taxas de crescimento do grupo.

Nitidamente, o "feijão com arroz" continua demonstrando ser uma das combinações mais geniais e garantidas no sustento do brasileiro. E, além de tudo, é mesmo "danado de bom!" – como diria um matuto sertanejo das histórias de Guimarães Rosa.

Bufê da loja Divino Fogão da loja do Shopping Aricanduva

Tempo de preparo: 50 minutos / Rendimento: 5 porções

Arroz de Carreteiro

Carne-seca

300g de carne-seca

2 colheres (sopa) de margarina

meia xícara (chá) de cebola picada

1 colher (sopa) rasa de molho inglês

noz-moscada a gosto

2 colheres (sopa) de cheiro-verde

Arroz

200g de arroz

1 colher (sopa) de óleo

1/3 de xícara (chá) de cebola picada

1 dente de alho picado

sal a gosto

400ml de água

Modo de Preparo

Carne-seca

Dessalgue a carne-seca em água fervente, cozinhe e desfie. Refogue na manteiga a cebola e a carne-eca. Adicione o molho inglês e a noz-moscada. Misture bem. Apague o fogo e acrescente o cheiro-verde. Mexa e reserve.

Arroz

Lave o arroz. Adicione o óleo à panela e frite a cebola e o alho até que dourem. Adicione o arroz, sal e refogue. Acrescente a água e cozinhe por 15 minutos, ou até que a água seque. Adicione a carne-seca ao arroz, misture tudo e sirva.

Tempo de preparo: 45 minutos + 2 dias para dessalgar o bacalhau / Rendimento: 8 porções

Bacalhau com Batatas

1kg de bacalhau

500g de batatas em rodelas e sem cascas

2 cebolas em rodelas

200ml de azeite

Modo de Preparo
Dessalgue o bacalhau.

Em uma panela alta (tipo espagueteira), de fundo grosso, coloque camadas de rodelas de batatas cruas, rodelas de cebolas e lascas de bacalhau, alternando até terminarem todos os ingredientes (a última camada tem que ser de batatas). Jogue o azeite todo e leve ao fogo brando até que as batatas estejam macias. Coloque em uma travessa e sirva.

Tempo de preparo: 30 minutos / Rendimento: 6 porções

Bife Acebolado com Ovo

2 cebolas médias

4 tomates maduros

2 colheres (sopa) de cheiro-verde

1 xícara (chá) de caldo de feijão

sal a gosto

1 colher (sopa) de molho inglês

600g de alcatra em bifes

4 colheres (sopa) de óleo

6 ovos

Modo de Preparo
Pique as cebolas e os tomates em pedaços pequenos. Em uma frigideira, refogue as cebolas.
Quando estiverem transparentes, junte os tomates, frite levemente e junte o cheiro-verde
e o caldo de feijão. Acerte o sal e, quando ferver, retire do fogo e reserve.

Tempere com o molho inglês e frite os bifes de alcatra ao ponto, utilzando metade do óleo.
Enquanto isso, frite os ovos no óleo restante.

Em uma travessa, arrume os bifes, coloque um ovo em cima de cada bife e regue com o
molho quente. Sirva em seguida.

Tempo de preparo: 1 hora e 40 minutos / Rendimento: 8 porções

Camarão na Moranga

1 unidade de abóbora-moranga

1kg de camarão cinza limpo

sal a gosto

pimenta-do-reino branca a gosto

2 colheres (sopa) de azeite

1 cebola média

2 dentes de alho

1 xícara (chá) de molho de tomate

2 colheres (sopa) de farinha de trigo

1/4 de xícara (chá) de leite

1 copo (americano) de requeijão

meia lata de creme de leite sem soro

cheiro-verde a gosto

Modo de Preparo

Corte uma tampa na superfície superior da moranga e reserve. Retire as sementes com o auxílio de uma colher. Cubra a moranga com papel-alumínio e coloque-a em uma assadeira com a cavidade voltada para baixo. Leve ao forno preaquecido (180°C) até a moranga ficar macia. Reserve.

Lave os camarões e tempere com sal e pimenta-do-reino branca. Reserve.

Pique a cebola e o alho. Em uma panela, aqueça o azeite e refogue a cebola e o alho. Acrescente o molho de tomate, os camarões e a farinha de trigo dissolvida no leite. Tampe e deixe ferver por 5 minutos. Retire do fogo, misture o requeijão com o creme de leite sem soro e adicione à panela. Faça a correção do sal e da pimenta-do-reino, se necessário. Recheie a moranga com esse creme e leve ao forno preaquecido (180°C) por aproximadamente 25 minutos. Polvilhe o cheiro-verde e sirva quente.

Tempo de preparo: 2 horas e 30 minutos / Rendimento: 6 porções

Costelinha Assada

1 ripa de costela de porco congelada de aproximadamente 1,5kg a 2kg

meio maço de salsinha

3 dentes de alho

sal a gosto

suco de 3 limões

2/3 xícara (chá) de molho de soja

1 colher (chá) de colorau

Modo de preparo
Descongele a costela de porco no dia anterior, lave bem em água corrente. Reserve.

Coloque todos os outros ingredientes no liquidificador e bata bem. Pegue a costela, coloque em uma saco plástico próprio para alimentos e jogue dentro os temperos batidos no liquidificador. Acrescente o sal. Misture bem e coloque em geladeira à noite.

No outro dia, coloque a costela em uma assadeira com os ossos para cima e coberta com papel-alumínio. Leve ao forno por 1 hora em temperatura alta e tire o papel-alumínio. Volte ao forno por mais 1 hora para dourar.

Tempo de preparo: 1 hora / Rendimento: 8 porções

Cuscuz

meio copo (americano) de vagem

1 copo (americano) de cenoura

1 tomate

3 ovos cozidos

2 colheres (sopa) rasas de salsinha

3 litros de água

sal e pimenta-do reino a gosto

1 lata de sardinha

1 copo (americano) de milho

1 copo (americano) de ervilhas

100g de azeitonas pretas picadas

2 xícaras (chá) de farinha de milho

100g de azeitonas pretas

ovos de codorna a gosto

tomates-cereja a gosto

alface mimosa a gosto

Modo de Preparo

Lave as vagens uma a uma e corte as pontinhas. Lave a cenoura, descasque, corte em cruz no sentido do comprimento e depois em pedaços. Lave o tomate, o ovo e a salsinha um a um. Leve a vagem e a cenoura para cozinhar em água temperada com sal e pimenta-do-reino. Quando os legumes estiverem "al dente", acrescente a sardinha, as azeitonas, o milho, a ervilha, a salsinha e engrosse com a farinha de milho.

Unte e decore uma forma para pudim com rodelas de tomate, milho, ervilhas e cebolinha. Despeje o cuscuz na forma, aperte bem, coloque um plástico por cima para a retirada do ar e leve para gelar. Depois de frio, desenforme e decore com ovos de codorna, tomates-cereja cortados ao meio e alface mimosa.

Tempo de preparo: 1 hora e 40 minutos / Rendimento: 7 porções

Escondidinho de Carne-Seca

1kg de carne-seca

1kg de mandioca descascada

2 litros de leite

meia xícara (chá) de margarina

1 xícara e meia (chá) de cebola picada

6 dentes de alho picados

2 colheres (sopa) de queijo parmesão

Modo de Preparo
Faça o dessalgue da carne, fervendo-a e trocando a água por três vezes. Na quarta água, deixe cozinhar, depois desfie a carne. Reserve.

Coloque a mandioca para cozinhar no leite até desmanchar e formar um purê.
Em uma panela, coloque a margarina, a cebola e o alho. Deixe dourar e em seguida acrescente a carne-seca. Refogue.

Em uma travessa, coloque uma fina camada de purê de mandioca, adicione a carne e cubra com o purê de mandioca. Polvilhe o queijo parmesão e leve ao forno para gratinar. Sirva a seguir.

Tempo de preparo: 2 horas + tempo de molho / Rendimento: 8 porções

Feijoada

1kg de feijão preto
250g de orelha
300g de pé de porco
150g de rabo
150g de língua
350g de carne-seca
200g de costelinha cortada entre ossos
120g de lombo
150g de paio

1 laranja-pera
meio copo (americano) de pinga
1 folha de louro
3/4 xícara (chá) de óleo
2 cebolas pequenas
2 dentes de alho
1 colher (sopa) rasa de alho-poró picado
meio talo de salsão
1 xícara (café) de cebolinha picada

Modo de Preparo

Escolha o feijão e coloque-o de molho durante 4 horas. Na véspera, coloque de molho as carnes salgadas, mudando a água constantemente.

Separe o paio. No dia seguinte, afervente as carnes com laranja e pinga. Coloque na panela o feijão, a orelha, o pé, o rabo, a língua, a carne-seca, a costela, o paio, o lombo e o louro. Deixe cozinhar em fogo brando, sem mexer muito. Faça um refogado com o óleo, a cebola, o alho, o alho-poró e o salsão, passando no moedor de carne. Junte o refogado ao feijão. Quando as carnes estiverem cozidas, a feijoada estará pronta. Misture a cebolinha e coloque o caldo em um recipiente separado. Em travessas separadas ou cumbucas, disponha as carnes, uma por uma. Sirva.

Tempo de preparo: 40 minutos / Rendimento: 4 porções

Frango à Ouro Preto

4 sobrecoxas-de-frango sem a pele

suco de 1 limão

sal e pimenta-do-reino a gosto

100g de fubá

3 colheres (sopa) cheias de maionese

Modo de preparo

Tempere o frango com o suco de limão, sal e pimenta-do-reino. Deixe marinando por 2 horas. Com um papel toalha, seque-os e passe a maionese por toda a volta. Empane completamente as sobrecoxas com o fubá. Leve ao forno aquecido por 35 minutos.

Tempo de preparo: 2 horas e 40 minutos / Rendimento: 5 porções

Frango com Polenta

Polenta

meio pacote de fubá pré-cozido

1 litro de água

60g de margarina

sal a gosto

óleo para fritar

Frango

1 frango cortado a passarinho

suco de 2 limões

4 dentes de alho picados

sal a gosto

Modo de preparo
Misture o fubá na água fria e leve ao fogo com a margarina e o sal. Ferva, mexendo sempre, até formar um purê bem consistente (meia hora).Coloque em um pirex untado e deixe esfriar.

Tempere o frango com o limão, o alho e sal e deixe marinando por 2 horas. Escorra e frite os pedaços em óleo quente até que fiquem bem dourados. Reserve.

Corte a polenta em cubos e frite no óleo em que o frango foi frito, até que fique crocante. Em uma travessa, coloque os pedaços de frango e, ao redor, a polenta frita.

Tempo de preparo: 1 hora e 20 minutos / Rendimento: 6 porções

Galinhada

500g de galinha

2 colheres (sopa) de óleo

1 xícara (chá) de cebola picada

1 dente de alho picado

meio pimentão verde picado e sem sementes

meio pimentão amarelo picado e sem sementes

meio pimentão vermelho picado e sem sementes

1 tomate médio picado e sem sementes

4 folhas de louro

sal a gosto

600ml de água

2 xícaras (chá) de arroz

Modo de Preparo
Corte a galinha em pedaços e tempere a gosto. Coloque o óleo na panela, adicione a cebola, o alho, os pimentões, o tomate, as folhas de louro e sal. Refogue. Depois, adicione a água e deixe a carne cozinhar por aproximadamente 40 minutos. Quando a carne estiver macia, adicione o arroz. Cozinhe por mais 20 minutos, desligue o fogo e deixe descansar por alguns minutos. Sirva.

Tempo de preparo: 1 hora e 30 minutos / Rendimento: 7 porções

Lombo Assado ao Molho de Laranja

1,5kg de lombo de porco

4 dentes de alho

3 colheres e meia (sopa) de suco de limão

3 colheres (sopa) de manteiga derretida

sal e pimenta-do-reino a gosto

1/4 de xícara (chá) de açúcar

meia colher (sopa) de amido de milho

2 xícaras (chá) de suco de laranja

Modo de Preparo
Tempere o lombo com o alho, 1 colher e meia (sopa) de suco de limão, a manteiga, sal e pimenta. Leve ao forno preaquecido (200°C), coberto com papel-alumínio por 30 minutos. Retire o papel e continue assando até o lombo dourar e ficar macio. Retire o lombo da assadeira e corte em fatias finas. Despeje 1/4 de xícara (chá) de água na assadeira e raspe bem. Reserve.

Misture o açúcar com o restante do suco de limão. Leve ao fogo e cozinhe até o ponto de caramelo. Junte o amido de milho dissolvido no suco de laranja e no molho da assadeira reservado. Misture bem e cozinhe em fogo baixo por 15 minutos, mexendo sempre. Despeje por cima do lombo. Sirva.

Tempo de preparo: 40 minutos / Rendimento: 6 porções

Macarrão ao Molho de Tomates e Azeitonas

1kg de tomates maduros

2 colheres (sopa) de azeite

4 dentes de alho picados

1 colher (sopa) de manjericão fresco

orégano a gosto

200g de azeitonas pretas (sem caroço)

sal a gosto

1 pacote de espaguete cozido "al dente"

Modo de preparo

Em uma panela grande, ferva um pouco de água. Faça pequenos cortes na parte de baixo dos tomates e coloque-os na panela. Deixe por 1 minuto, escorra e passe-os na água fria. Tire a pele, as sementes e pique-os grosseiramente. Aqueça o azeite na panela, frite o alho e junte os tomates. Refogue por 15 minutos e junte o manjericão, o orégano e as azeitonas. Refogue por mais 15 minutos. Prove o sal e cubra o macarrão com esse molho.

Tempo de preparo: 1 hora e 40 minutos / Rendimento: 6 porções

Macarrão com Frango

Tempero do Frango
1 frango inteiro cortado pelas juntas
1 litro e meio de água fervente
sal a gosto
pimenta-do-reino moída na hora a gosto
1 pimenta dedo-de-moça sem sementes e picada
2 dentes de alho amassados
1 cebola ralada
1 colher (sobremesa) de colorau
1 colher (sobremesa) de açafrão-da-terra
suco de 1 limão

Frango e Macarrão
3/4 xícara (chá) de óleo
1 colher (sopa) de açúcar
700ml de água com 1 tablete de caldo de frango dissolvido
2 colheres (sopa) de aveia em flocos finos
2 cebolas cortadas em rodelas finas
2 dentes de alho laminados
1 pimentão verde em rodelas finas
1 pimentão amarelo em rodelas finas
3 tomates maduros batidos no liquidificador com meio litro de á
1 pacote de macarrão bucattini (furadinho) cozido "al dente
1 maço de manjerona picada
meio maço de cebolinha picada
cheiro-verde para salpicar

Modo de preparo

Tempero do Frango

Disponha o frango em uma travessa e escalde-o ligeiramente. Despeje a água fervente sobre o frango, mexa rapidamente e escorra todo o excesso de água.Depois de escorrido, tempere o frango com sal, pimenta-do-reino, a pimenta dedo-de-moça, o alho, a cebola ralada, o colorau, o açafrão e o suco de limão. Mexa bem e reserve por 1 hora para penetrar o tempero.

Em uma caçarola grande, coloque o óleo para aquecer. Salpique o açúcar e espere que ele caramelize no óleo quente; acrescente o frango, incluindo todo o tempero da travessa e mexa cuidadosamente.

A cada 5 minutos mexa o frango e vá pingando a água reservada misturada ao caldo de frango e à aveia. Quando secar, pingue mais água até que a carne do frango fique bem macia. Repita esse processo de 4 a 5 vezes. Quando já estiver bem refogada, escorra todo excesso de óleo, deixando só um pouquinho no fundo da panela. Acrescente a cebola, o alho, o pimentão em fatias e frite bem. Acrescente os tomates batidos no liquidificador com a água e o caldo do frango que restou, tampe a panela e deixe ferver por uns 15 minutos. Acrescente o macarrão e misture delicadamente. Acrescente a manjerona e a cebolinha. Quando o macarrão estiver quente, sirva em uma travessa com os pedaços de frango por cima. Salpique o cheiro-verde.

Tempo de preparo: 50 minutos / Rendimento: 7 porções

Paçoca de Carne-Seca

200g de carne-seca

2 colheres (sopa) de óleo

1 cebola grande picada

3 dentes de alho picados

2 xícaras (chá) de farinha de mandioca

Modo de Preparo
Dessalgue a carne-seca em água fervente. Troque a água três vezes e, na última troca, deixe ferver. Desfie a carne e reserve.

Coloque em uma panela o óleo, a cebola e o alho. Deixe dourar. Adicione a carne-seca. Refogue até que a carne esteja sequinha. Adicione a farinha, mexendo sempre para não grudar no fundo da panela. Transfira para uma travessa e sirva.

Tempo de preparo: 2 horas / Rendimento: 10 porções

Panceta Crocante

Panceta é a banda lateral do porco entre a costela e couro. Deve ser encomendada no açougue e pesa aproximadamente 4kg.

1 peça de costela

suco de 6 limões

sal grosso a gosto

4 folhas de louro

pimenta-do-reino a gosto

meio litro de água

Modo de preparo

Pegue a peça da costela e, com uma faca pequena, faça furos do lado da carne. Coloque-a em uma bacia e regue com os temperos e um pouco de sal. Deixe marinando por 2 horas.

Na hora de assar, espalhe mais um pouco de sal grosso no lado da carne, coloque em uma assadeira e cubra com papel-alumínio. Leve ao forno aquecido e asse por 1 hora e 30 miutos. Retire o papel, regue com a marinada e asse por mais 30 minutos até que fique dourado e pururuca. Corte as costelas e sirva.

Tempo de preparo: 40 minutos / Rendimento: 4 porções

Peixe ao Molho de Camarões

Molho

500g de camarões descongelados

sal e pimenta-do-reino a gosto

suco de 1 limão

1 cebola ralada

2 colheres (sopa) de azeite

2 tomates sem pele e sem sementes picados

meia xícara de cheiro-verde picado

Peixe

4 postas de peixe (badejo, pescada, cação, robalo, etc.)

suco de 2 limões

sal e pimenta-do-reino a gosto

farinha de trigo para empanar

cheiro-verde para decorar

Modo de preparo
Molho
Limpe e tempere os camarões com sal, pimenta-do-reino e o limão. Reserve.

Frite a cebola no azeite. Junte os tomates e refogue mais um pouco. Acrescente os camarões e refogue durante 3 minutos. Junte os outros ingredientes e reserve.

Se estiver usando camarões congelados, poderá formar muito caldo, então engrosse-o com farinha de trigo. Dissolva 2 colheres de farinha em 1/4 de xícara (chá) de água e acrescente ao refogado pronto. Leve ao fogo até ferver e engrossar.

Peixe
Coloque as postas de peixe em uma travessa e tempere com o limão, sal e pimenta-do-reino. Deixe marinar por 1 hora. Passe as postas na farinha de trigo e grelhe em uma frigideira com um pouco de azeite. Arrume em uma travessa e cubra com o molho. Decore com cheiro-verde picado.

Tempo de preparo: 1 hora / Rendimento: 6 porções

Picadinho Bovino

600g de acém

1 colher (sopa) de óleo

meia cebola

1 dente de alho

1/4 de xícara (chá) de vinho tinto

1 tomate pequeno picado e sem sementes

1 xícara e meia (chá) de água

1 colher (chá) rasa de sal

5 batatas bolinhas pequenas

3 cenouras pequenas

2 xícaras (café) de champignons laminados

1/3 de xícara (chá) de ervilhas

1 pimentão amarelo pequeno picado

2 folhas de louro

cebolinha a gosto picada

Modo de Preparo

Corte o acém em pedaços médios. Coloque em uma panela o óleo, pique a cebola e o alho e deixe dourar. Acrescente a carne e frite. Adicione o vinho e o tomate. Junte a água, o sal e deixe cozinhar. Cozinhe as batatas e as cenouras e reserve.

No término do cozimento, incorpore a cenoura, as batatas bolinhas já cozidas, os champignons, as ervilhas, o pimentão e o louro e mexa delicadamente.

Coloque em uma travessa, espalhe a cebolinha e sirva.

Tempo de preparo: 1 hora / Rendimento: 6 porções

Picanha com Alecrim

1,2kg de picanha, aproximadamente

3 ramos de alecrim fresco

sal grosso a gosto

Modo de preparo
Faça 3 furos na picanha no sentido do comprimento e enfie em cada furo um ramo de alecrim. Tempere com sal grosso. Coloque-a em uma assadeira com a capa de gordura para baixo. Cubra com papel-alumínio e asse em forno quente por 30 minutos. Retire o papel-alumínio e vire a picanha. Volte ao forno e asse por mais 10 minutos, sem o papel. Fatie e sirva.

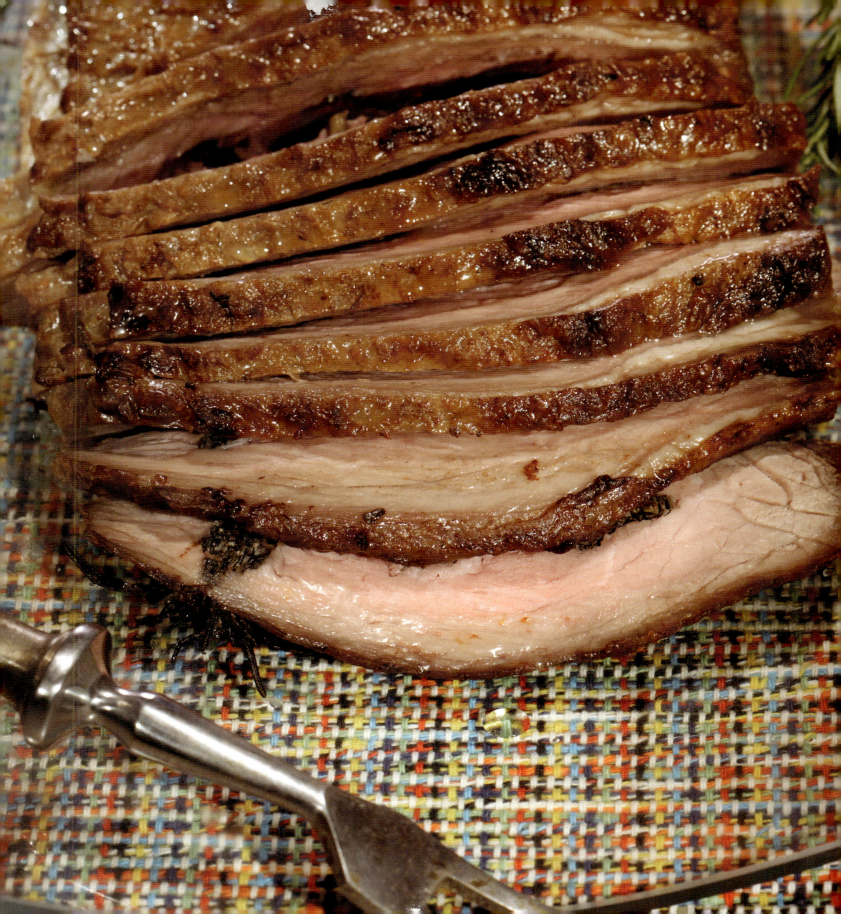

Tempo de preparo: 30 minutos / Rendimento: 4 porções

Pirão de Peixe

200g de peixe

1 colher (chá) de sal

1 colher (sopa) de óleo

1 cebola média picada

1 dente de alho picado

1 tomate médio picado e sem sementes

1/4 de xícara (chá) de molho de tomate

1/3 de pimentão verde picado e sem sementes

1/3 de pimentão vermelho picado e sem sementes

400ml de água

1 colher (chá) de colorau

meia xícara (chá) de farinha de mandioca

1 xícara (café) de cebolinha picada

Modo de Preparo
Corte o peixe em pedaços pequenos. Tempere com sal.

Em uma panela, coloque o óleo, a cebola, o alho e o tomate. Refogue. Acrescente o peixe, o molho de tomate, os pimentões e refogue. Adicione a água e deixe cozinhar até o peixe começar a desmanchar. Acrescente o colorau e mexa. Aos poucos, junte a farinha, mexendo sempre para não empelotar. Cozinhe por alguns minutos, misture a cebolinha e sirva.

Tempo de preparo: 2 horas / Rendimento: 6 porções

Rabada com Polenta

Rabada

2kg de rabo-de-boi limpo e cortado em pedaços

meia xícara (chá) de óleo

4 dentes de alho picados

4 cebolas médias picadas

1 alho-poró picado

2 talos de salsão picados

6 tomates picados sem pele e sem sementes

meio litro de caldo de carne quente

meia xícara (chá) de extrato de tomate

2 folhas de louro

sal e pimenta-do-reino a gosto

Polenta

2 litros de água

500g de fubá

100g de margarina

sal a gosto

Modo de preparo
Rabada
Em uma panela grande, em fogo alto, frite muito bem os pedaços de rabo no óleo quente, mexendo sempre até dourar. Junte o alho, a cebola, o alho-poró, o salsão e os tomates. Refogue um pouco e acrescente o caldo de carne, o extrato de tomates, o louro, sal e pimenta-do-reino. Tampe a panela e deixe ferver por 1 hora 30 minutos, ou até que a carne esteja macia (soltando do osso).

Polenta
Misture meio litro de água com o fubá. Reserve.

Em uma panela grande, em fogo alto, coloque o restante da água, a margarina e o sal. Quando a água estiver quente, junte o fubá umedecido, aos poucos, mexendo sempre. Ferva por 1 hora, até que a massa esteja lisa.

Arrume na travessa os pedaços de rabada com a polenta em volta.

Tempo de preparo: 40 minutos / Rendimento: 4 porções

Rolê de Frango

4 filés de coxas-de-frango com a pele (coxas e sobrecoxas)

suco de 1 limão

sal e pimenta-do-reino a gosto

1 ovo

2 xícaras (chá) de parmesão ralado

1 cenoura média ralada no ralador grosso

1 abobrinha italiana ralada no ralador grosso

Modo de preparo
Tempere os filés de frango com o suco de limão, sal e pimenta-do-reino. Deixe marinando por 2 horas.

Bata o ovo e misture o queijo, a cenoura e a abobrinha. Prove o sal. Abra os filés e coloque o recheio em cada um. Enrole-os (com a pele para fora) e arrume em uma assadeira. Leve ao forno e asse em temperatura alta por 35 minutos. Sirva em seguida.

Obs: A pele do frango serve de protetor da carne, como se fosse um papel-alumínio. Pode ser retirada na hora de servir.

Tempo de preparo: 20 minutos / Rendimento: 10 porções

Salada de Acelga com Gergelim

1 pé de acelga

1 pacote de hondashi

1 xícara e meia (chá) de shoyu

1 colher (chá) de açúcar

2 colheres (sopa) de gergelim

meia xícara (chá) de azeite

suco de 1 limão

Modo de preparo
Lave a acelga inteira sem desfolhar. Com a ajuda de outra pessoa, corte-a em rodelas, mantendo a forma e coloque-as em um pirex, de forma que fiquem todas arrumadas.

Em uma tigela, misture o hondashi, o shoyu e açúcar. Tempere as rodelas de acelga.

Em uma frigideira, junte o gergelim e o azeite. Aqueça até que fiquem dourados. Regue a salada com o azeite e gergelim (ainda quentes) e o limão. Sirva em seguida.

Tempo de preparo: 5 minutos / Rendimento: 6 porções

Sopa de Feijão

1kg de feijão pronto

2 xícaras (chá) de macarrão espaguete cozido

cheiro-verde a gosto

Modo de preparo
Bata o feijão no liquidificador e coe com uma peneira. Acerte o tempero e junte o macarrão.
Espalhe o cheiro-verde.

Tempo de preparo: 40 minutos / Rendimento: 9 porções

Doce de Abóbora

500g de abóbora

2 xícaras (chá) de açúcar

1 colher (sopa) de cravo-da-índia

Modo de Preparo
Descasque e pique a abóbora em pedaços médios. Coloque-a em uma panela junto com o açúcar e o cravo-da-índia e deixe cozinhar em fogo brando até que a abóbora fique macia. Com uma colher, amasse todos os pedaços de abóbora para facilitar o cozimento. Deixe cozinhar até secar quase toda a água.

Obs.: Podem ser adicionados 100g de coco ralado no momento da adição do açúcar.

Manjar Branco

Tempo de preparo: 20 minutos / Rendimento: 7 porções

Manjar

1 litro de leite

1 xícara (chá) de amido de milho

2 xícaras (chá) de açúcar refinado

meio vidro de leite de coco

1 pacote de coco ralado (100g)

Calda de Ameixa

1 xícara e 1/4 (chá) de açúcar

150ml de água

1 pacote de ameixa preta, seca e sem caroços (250g)

Opção - Calda de Vinho

1 xícara e meia (chá) de açúcar

1 xícara e 1/4 (chá) de vinho

2 unidades de canela em pau

Modo de Preparo

Manjar

Reserve 200ml de leite e dissolva o amido de milho. Em uma panela, misture o restante do leite (800ml), o açúcar refinado, o leite de coco e o coco ralado e leve ao fogo até ferver. Após fervura, acrescente o leite e o amido já dissolvido, abaixe o fogo e mexa sem parar para que engrosse e cozinhe. Despeje em uma forma úmida e deixe esfriar. Leve para a geladeira.

Calda de ameixa

Leve ao fogo o açúcar até caramelizar, acrescente a água e deixe amolecer. Acrescente as ameixas e deixe ferver um pouco. Deixe esfriar e mantenha na geladeira.

Opção - Calda de vinho

Misture o açúcar, o vinho e a canela em pau. Leve ao fogo e deixe ferver até ponto de calda. Desligue o fogo e sirva a calda com o manjar.

Tempo de preparo: 30 minutos / Rendimento: 10 porções

Merengue de Morango

1,5kg de morango

500g de creme de leite fresco para chantilly

450g de suspiro

Modo de Preparo

Lave bem os morangos. Corte metade dos morangos ao meio no sentido do comprimento e a outra metade em pedaços pequenos. Reserve.

Na batedeira, bata o creme de leite até obter o ponto de chantilly. Reserve.

Quebre o suspiro e reserve alguns inteiros para decorar. Passe uma camada de chantilly no fundo da travessa, coloque os suspiros quebrados, os morangos em pedaços e novamente uma camada de chantilly. Repita as camadas até finalizar o chantilly. Decore com os morangos cortados ao meio e os suspiros inteiros e sirva a seguir.

Tempo de preparo: 25 minutos / Rendimento: 6 porções

Pavê de Limão

2 latas de leite condensado

1 xícara e meia (chá) de suco de limão

1 caixinha de creme de leite

200g de bolacha maisena

raspas de 5 limões para decorar

Modo de Preparo
Em um recipiente, misture o leite condensado, o suco de limão e o creme de leite.

Em uma travessa, intercale uma camada do creme com uma camada de bolacha. Repita o procedimento até acabar o creme. Decore com raspas de limão. Leve à geladeira até o creme obter consistência firme. Sirva gelado.

Tempo de preparo: 1 hora / Rendimento: 11 porções

Pudim de Leite

Calda

meia xícara (chá) de açúcar refinado

50ml de água

Pudim

1 xícara e meia (chá) de leite

3/4 da lata de leite condensado

2 ovos

Modo de Preparo
Calda
Em uma panela, coloque o açúcar e deixe caramelizar. Acrescente a água e deixe dissolver todo o açúcar até formar uma calda não muito grossa. Despeje a calda em uma forma de furo central e reserve.

Pudim
Coloque no liquidificador o leite e o leite condensado. Quebre os ovos um a um em um recipiente e depois despeje no liquidificador. Bata tudo até homogeneizar. Despeje na forma já caramelizada, cubra com tampa ou papel-alumínio. Leve ao forno para assar em banho-maria (180°C) por aproximadamente 50 minutos.

Tempo de preparo: 1 hora / Rendimento: 9 porções

Quindim

16 gemas

2 claras

1 barra de manteiga sem sal (200g)

2 xícaras e meia (chá) de açúcar (450g)

1 pacote de coco ralado (100g)

Modo de Preparo
No liquidificador, bata as gemas com as claras. Acrescente a manteiga, o açúcar, e bata por mais 3 minutos. Misture o coco ralado e o coloque em uma forma de furo central de 16 cm de diâmetro, untada. Deixe descansar por dez minutos. Leve ao forno preaquecido (180°C) em banho-maria por 45 minutos ou até ficar firme. Deixe esfriar, desenforme e sirva.

Editora Boccato Ltda. EPP
Rua Valois de Castro, 50
04513-090 - Vila Nova Conceição
Tel.: 11 3044-4385
www.boccato.com.br

Editora Gaia LTDA.
(pertence ao grupo Global Editora e Distribuidora Ltda.)
Rua Pirapitingui, 111-A - Liberdade 01508-020
São Paulo - SP - Brasil (11) 3277-7999
www.globaleditora.com.br - gaia@editoragaia.com.br
Nº de Catálogo: 3206

Edição: André Boccato

Coordenação Editorial: Manon Bourgeade / Maria Aparecida C. Ramos

Pesquisa Histórica: Sandro Ferrari

Preparação de Textos: Jezebel Salem

Diagramação: Arturo Kleque Gomes Neto / Lucas W. Schmitt

Tratamento de Imagens: Arturo Kleque Gomes Neto

Fotografias: André Boccato / Cristiano Lopes / Emiliano Boccato

Produção Fotográfica: Airton G. Pacheco

Revisão de Textos: Maria Luiza Momesso Paulino

Cozinha Experimental: Aline Maria Terrassi Leitão / Isabela R. B. Espíndola

N.B.: a ilustração da página 09 é uma reprodução de uma obra do pintor Ronaldo Bonner.

Foto de capa: Fachada da loja Divino Fogão do Shopping Higienópolis

Editora Gaia

Diretor Editorial: Jefferson L. Alves

Diretor de Marketing: Richard A. Alves

Gerente de Produção: Flávio Samuel

Coordenadora Editorial: Dida Bessana

Assistente Editorial: João Reynaldo de Paiva

Impressão: Geográfica Editora

```
Dados  Internacionais  de  Catalogação  na  Publicação  (CIP)
        (Câmara  Brasileira  do  Livro,  SP,  Brasil)

   Varela, Reinaldo Marques
      Comida típica da fazenda / Reinaldo Marques
   Varela e Nani Scaburi Varela. -- São Paulo : Gaia :
   Boccato, 2010.

      ISBN 978-85-7555-241-4 (Gaia)

      1. Culinária - Brasil. 2. Culinária - História
   3. Culinária brasileira. 4. Gastronomia - Brasil
   I. Varela, Nani Scaburi. II. Título.

10-08044                                      CDD-641.598
```

Índices para catálogo sistemático:

1. Cozinha brasileira : Culinária : História   641.598
2. Receitas : Culinária brasileira : História 641.598

Copyright © Editora Boccato